中国古代司法制度

◎主编　金开诚
◎编著　陈龙香

吉林文史出版社
吉林出版集团有限责任公司

图书在版编目（CIP）数据

中国古代司法制度 / 陈龙香编著 . —长春：吉林出版集团有限责任公司，2011.4（2022.1 重印）
ISBN 978-7-5463-4976-3

Ⅰ . ①中… Ⅱ . ①陈… Ⅲ . ①司法制度－法制史－研究－中国－古代 Ⅳ . ① D929.2

中国版本图书馆 CIP 数据核字（2011）第 053386 号

中国古代司法制度

ZHONGGUO GUDAI SIFA ZHIDU

主编/ 金开诚 编著/陈龙香
项目负责/崔博华 责任编辑/崔博华 高原媛
责任校对/高原媛 装帧设计/柳甬泽 徐 研
出版发行/吉林文史出版社 吉林出版集团有限责任公司
地址/长春市人民大街4646号 邮编/130021
电话/0431-86037503 传真/0431-86037589
印刷 / 三河市金兆印刷装订有限公司
版次 /2011 年 4 月第 1 版 2022 年 1 月第 5 次印刷
开本/ 650mm×960mm 1/16
印张/9 字数/ 30千
书号/ ISBN 978-7-5463-4976-3
定价/ 34.80元

编委会

关于《中国文化知识读本》

文化是一种社会现象，是人类物质文明和精神文明有机融合的产物；同时又是一种历史现象，是社会的历史沉积。当今世界，随着经济全球化进程的加快，人们也越来越重视本民族的文化。我们只有加强对本民族文化的继承和创新，才能更好地弘扬民族精神，增强民族凝聚力。历史经验告诉我们，任何一个民族要想屹立于世界民族之林，必须具有自尊、自信、自强的民族意识。文化是维系一个民族生存和发展的强大动力。一个民族的存在依赖文化，文化的解体就是一个民族的消亡。

随着我国综合国力的日益强大，广大民众对重塑民族自尊心和自豪感的愿望日益迫切。作为民族大家庭中的一员，将源远流长、博大精深的中国文化继承并传播给广大群众，特别是青年一代，是我们出版人义不容辞的责任。

《中国文化知识读本》是由吉林出版集团有限责任公司和吉林文史出版社组织国内知名专家学者编写的一套旨在传播中华五千年优秀传统文化，提高全民文化修养的大型知识读本。该书在深入挖掘和整理中华优秀传统文化成果的同时，结合社会发展，注入了时代精神。书中优美生动的文字、简明通俗的语言、图文并茂的形式，把中国文化中的物态文化、制度文化、行为文化、精神文化等知识要点全面展示给读者。点点滴滴的文化知识仿佛繁星，组成了灿烂辉煌的中国文化的天穹。

希望本书能为弘扬中华五千年优秀传统文化、增强各民族团结、构建社会主义和谐社会尽一份绵薄之力，也坚信我们的中华民族一定能够早日实现伟大复兴！

目录

一、夏商司法制度

中国是古代文明起源最早的世界四大文明古国之一，也是人类社会早期法制文明比较发达的国度。从炎黄时代起，由于生产力的不断进步和农业、手工业、商业等社会分工的日益扩大，在黄河流域已开始出现古代文明的曙光。我们的先祖们，通过迁徙流动与社会交往，在部族之间的战争冲突和联盟战争中，相继建立了众多分散并立的宗族部落制早期国家，原始的平等的氏族部落制社会随即开始向阶级社会过渡。之后，历经尧、舜、禹时代的发展，到公元前21世纪，夏禹之子夏启夺得王位，建立了以夏后氏为核心的夏政权。公元前17世纪，商汤推翻夏桀的残暴统治，建立了商政权。公元前11世纪，商政权被西周所灭。

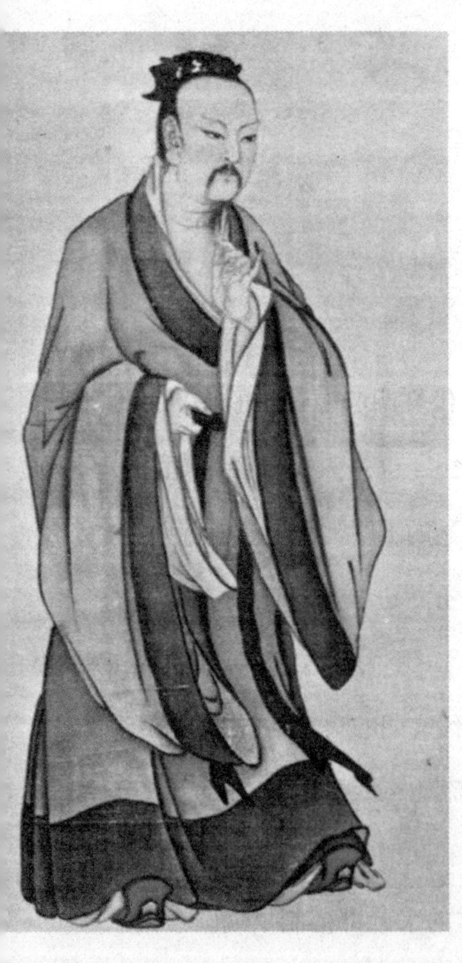

夏商是中原地区先后建立的两个相对集中统一的宗族城邦制国家。在其内部，仍然是以血缘关系为纽带的家族与宗族制结构，但它在此时已经摆脱了原始氏族的性质，进入了分层对立的阶级社会和政治国家。因此可以说，中国古代文明起源的历史进程，也是中国从分散的宗族部落制早期国家向集中统一的宗族城邦制国家发展过渡的社会进程。

随着氏族制度的瓦解和早期国家的形成，法制文明也开始浮出人类历史的地平线。中国的法制文明最早来源于原始社会末期，其法律制度以源于原始习惯习俗的习惯法为主，包括“礼”与“刑”两部分。礼最初是由祭祀崇拜和宗教禁忌等礼仪规则及伦理道德习惯演变而成的，而刑最初是从复仇惩戒或军事战争等暴力手段及其相关行为规范发展而来的。因此才有了“刑起于兵”和“礼源于祭祀”的说法。所以，中国早期的法律制度从一产生就具有注重宗法伦理、宣扬道德教化、强调礼刑并重的特点，并且始终以维护家族、宗族、国家、政权的根本利益为宗旨，形成了重公权轻私权、重集体轻个体、重义务轻利益的基本特征，对中国古代社会的发展产生了深远的影响。

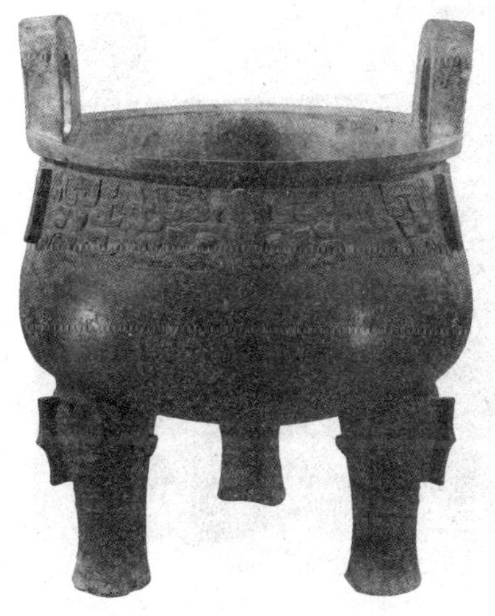

夏商两代处于古代社会的早期发展阶段，是中国早期法律制度的初步发展时期。该时期的法律制度体系还不完备，并且还具有浓厚的“天讨”“天罚”的神权思想。

这一时期的司法制度相对比较简陋，基本上是一种行政、军事、司法不分的体制。不仅夏王、商王作为最高统治者拥有最高的司法审判权，而且各级贵族、官吏也同时兼掌行政、军事和司法权。当时的中国是宗族制、家族制国家，其社会结构以家族和宗族制度为基础。因此，各级司法权实际掌握在各级宗主手中。如商代已实行宗族分封制，商王将其势力范围划分为王畿地区（“内服”，由商王及卿大夫直接管辖）和畿外地区（“外服”，由受封诸侯进行管辖）两部分。但无论是商王、卿大夫，还是诸侯，都是各支宗族的世袭宗主。他们作为封国、封地或封邑的主人，既拥有政治、经济、军事大权，又握有生杀予夺的司法大权。在这种司法体制下，尽管夏商两代也设置了一些司法官员，如士、士师、大理、司寇等，但司法权始终受到行政、军事权力的控制和干预。

夏商两代处于神权法时代，其司法制度具有浓厚的“天罚”“神判”色彩。

当时的统治者不仅以“大刑用甲兵”的军事讨伐“行天之罚”，而且商代还通过占卜活动领受神意，以“神判”的形式决定司法裁判和定罪量刑，从而决定是否对人施用惩罚。监狱在这一时期也已经出现。根据《竹书纪年》的记载，圜（同“圆”）土即是夏商两代关押罪犯的监狱。暴君夏桀曾经在夏台（又叫均台）囚禁商汤，商纣王也曾经在羑里关押过周文王(即《封神演义》中的姬昌，据说《周易》就是他被关押在此处时写成的)。当然，这只是两座临时作为软禁场所的宫池或城池，并非一般意义上的监狱。在出土的殷墟甲骨文中，有关于监狱、囚禁等的记载。

二、周朝司法制度

商代末年，各级宗主贵族统治黑暗，社会危机日益严重，各种社会矛盾不断加剧。公元前11世纪，周武王乘机起兵灭商，建立了西周政权。公元前770年，周平王东迁洛邑，东周从此开始。东周是诸侯混战割据、群起争霸的时代，人们习惯于将东周这一时代称为春秋战国时代。

周朝是夏商之后一个比较发达的宗族城邦制国家。它确立的“明德慎行”

的法律思想和礼刑结合的法律体系，成为中国早期法制建设走向成熟完备的典范，并长期影响着后世两千多年的法律制度的发展走向。

(一) 西周司法制度

西周是历史上宗族城邦制国家的鼎盛时期，也是宗法等级制度的成熟完备阶段，制定周礼，编订刑书，并建立了礼刑并用的法律制度，其根本目的就是为了维护和巩固宗法等级制度。

在夏商司法制度的基础上，西周初步形成和发展了一套诉讼程序和审判制度。西周时期，周王仍然是全国最高司法长官，掌握着国家最高的司法审判权。凡是重要的争讼或重大疑难案件，都由周王最终裁决。周王之下设大司寇作为中央的最高司法官，其主要职责是辅助周王掌管全国司法审判事务。遇有重大或疑难案件，须上报周王最后裁决，或由周王指派高级贵族进行决议。在大司寇之下，设有小司寇。小司寇的职责是协助大司寇审理案件、处理狱讼。在司寇之下，设置有士师，负责执行中央禁令和审查地方处理的案件的情况。

周王分封的各诸侯，是各自封国的最高首

领。各诸侯同样握有本封国内的最高司法权。各诸侯国也设有司寇、士师等，只是其机构设置没有周王国那么发达。同时，在周王国及各诸侯国的地方基层组织中，各级宗主、族长或家长也拥有对其族人成员的司法审判权和刑罚执行权。这对后世父权、夫权及族权的形成与发展产生了深远的影响。

与夏商时期“天罚”“审判”的审判方式相比，西周的诉讼审判制度有了较明显的发展。这主要体现在以下两个方面：

首先，区分狱讼形式。西周时期，由

于农业、畜牧业、手工业的进一步分工、发展，社会发展进步，人们之间的经济交往与民事关系日益活跃，由此引发的民事经济纠纷逐渐增多。在解决纠纷的过程中，人们开始对民事诉讼与刑事诉讼有所区分。《周礼》中有“以两剂禁民狱”“以两造禁民讼”的记载。根据郑玄的解释，“狱”是涉及犯罪的刑事诉讼，要求持诉状向官府起诉；“讼”是涉及财产纠纷的民事诉讼，当事人可以直接到庭提出诉讼请求。由此，司法机关受理刑事或民事诉讼案件，要按照“狱”“讼”性质的不同，分别收取相应的诉讼费用。凡是控告刑事诉讼的，当事人须缴纳“钧金”，即三十斤铜，作为刑事诉讼费；凡是提出民事诉讼的，当事人须缴纳“束矢”，即一捆箭，作为民事诉讼费用。

其次，确立了诉讼审判原则。

一是注重运用各种证据。在司法审判活动中，西周已开始注重运用各种证据。其中，口供和誓言是最主要的证据，包括原告和被告的供词和双方起誓的内容。为了减少冤假错案，西周时重视“听狱之两辞”，即要求兼听原被告双方的意见，反对偏信一面之词。同时，西周时也注意运用人证、物证与书证作为处理诉讼纠纷和进行司法审判的法定证据。如处理民间争讼纠纷，以邻里人证为依据；解决土地疆界纠纷，以图籍书证为依据；调解财产关系纠纷，则以契约文书为依据，等等。

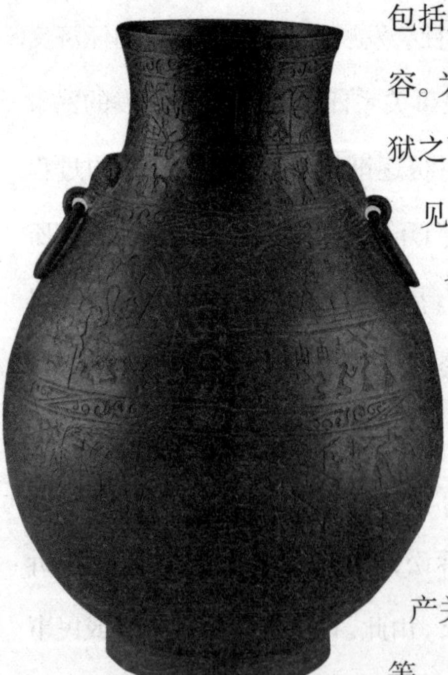

二是要求法官依法办案。西周时要求司法人员根据刑书规定依法办案，审判案件时要慎重，依据刑书斟酌权衡，决狱量刑务必做到允当。对于刑书没有规定的，则按照法律类推原则，比照相关规定处理，不应受错误干扰，不得主观臆断。值得提及的是，为了保证依法办案，西周时已开始注重对司法人员的专业能力与素质水平的要求，禁止任用奸佞决狱断案。这无疑有助于司法审判的公正性与公平性。

三是创立了“五听”的审讯方式。西周在长期的司法实践中总结出了一套“以五声听狱讼，求民情”的审讯程序，“五听”包括“辞听”“色听”“气听”“耳听”“目听”五种形式。其中，“辞听”指观察受审者的言辞，如果受审者理亏则他的言语会自相矛盾或烦乱；“色听”指观察受审者的表情，如果受审者心虚则他会表现得惊慌失色；“气听”指观察受审者的呼吸，如果理屈则他会紧张喘息；“耳听”指观察受审者的听觉，心里有鬼则受审者会反应迟钝；“目听”指观察受审者的目光，如果理亏则他会慌乱失神。“五听”是古人长期司法实践的经验总

结，也是运用心理分析进行审讯的一种尝试。与夏商时期的“天罚”“神判”的审讯方式相比，这无疑是一种进步。但这种完全依赖察言观色的判案方式往往会导致主观臆断，从而制造出冤假错案。

四是严禁司法人员犯“五过之疵”。西周司法活动重视各种证据的运用，要求法官依法办案，严禁其徇私枉法。所谓“五过之疵”，是指司法人员徇私枉法、出入人罪的五种表现，包括“唯官”“唯反”“唯内”“唯货”“唯来”。其中，“唯官”指司法官与涉案囚犯是同僚关系；“唯反”指敲诈囚犯，令其翻供或隐瞒实情；“唯内”指司法官与涉案囚犯是亲属关系，并影响司法活动；“唯货”指索贿受贿、贪赃枉法；“唯来”指与案犯有勾结。凡是具有这五种徇私枉法行为的司法官，与涉案罪犯视为同罪。

(二) 春秋战国时期的司法制度

春秋战国处于我国古代社会的大变革时期，此时诸侯混战，群起争霸。在这种时代背景下，出现了儒、墨、道、法各家思想的争鸣与交锋，各诸侯国也相应出现了变法和改革等。与西周的

司法制度相比较，春秋时期的司法制度没有多大的变化，倒是战国时期各国的司法制度发生了一些重要变化。

战国时期的变法改革运动，使各国的司法制度发生了一些重大变化，主要表现为确立了一套君主专制中央集权的司法体系。在中央，各国君掌握着全国的最高司法权，他们不仅拥有对案件的最后决定权和最终裁决权，而且还亲自处理一些重大、疑难案件。同时，在国君之下，各国还设置专门掌握司法审判及刑狱诉讼

的司法官，如秦国的廷尉、楚国的廷理、齐国的大理，均辅助国君处理司法事务。在地方，随着各国的边地得到进一步开发和各地人口的迅速增多，一些诸侯国相继推行郡县制度。与分封制不同，郡县制的长官由国君直接任免，代表国家行使管理职能，领取俸禄报酬，不再享有世袭特权。郡守、县令或县长既是郡县的行政长官，又是司法审判官。在县令或县长以下，分设县丞、县尉、御史等职，协助处

理民政、军事、司法等事务。这种行政机关兼掌诉讼审判职能的地方司法制度，在我国沿用了两千多年。同时，在县级机构之下，还设有乡、里、聚、邑等基层组织，负责民间治安秩序、缉捕贼盗、裁决争讼等司法事务。有些诸侯国还将民众编为什伍组织，五家一伍、十家一什，互相监督连保，确立了一套从中央到地方由专制君主统一控制的森严的司法体制。

三、秦汉司法制度

公元前221年，秦始皇通过军事化的管理机制和严苛的法制统一了六国，建立了统一的中央集权的帝国。然而，由于统一后的秦朝仍然用战争时的统制模式治理天下，并且法制更为严酷，最终导致天下怨声四起。秦朝仅维持了15年就灭亡了。公元前206年，刘邦再次统一全国，建立汉朝，定都长安，史称西汉。公元8年，外戚王莽夺权，改国号为新，但不久之后即被绿林、赤眉起义军推翻。公元25年，刘秀重建汉朝，定都洛阳，史称东汉。

（一）秦朝的司法制度

1. 司法体制

春秋战国时代，在司法体制上，各诸侯国之间不仅互不统辖，而且各自的内部设置也不同。秦始皇统一六国后，建立了一套统一的地方司法体制。秦始皇在中国历史上第一次建立了专制主义的中央集权体制。“德高三皇，功盖五帝”的始皇帝被赋予最高司法审判权。在秦朝的中央司法审判机关，皇帝作为最高审判官，享有对于一切案件的终审权。在中央，高级司法长官也称为“廷尉”。廷尉的职责主要包括两个方面：一是作为中央审级受理地方司法机关移送的疑难案件；二是负责审理皇帝交办的“诏狱”。在地方，实行行政、司法合一制。地

方行政机关同时也是司法机关。秦朝在全国实行郡县制。郡守、县令掌握本郡、县的司法审判权。郡有“决狱槽”，县有“丞”，都是专职司法官，协助郡守、县令受理争讼案件。

2. 诉讼审判制度

首先，诉讼形式。秦朝的诉讼形式有两种，即公室告和非公室告。“公室”指国家，对于直接侵害国家利益和社会秩序的犯罪，由官吏代表国家提起的诉讼，就是“公室告”。对于公室告的案件，法官必须受理。“非公室告”是指涉及家庭内部关系的诉讼。秦朝沿用了什伍连坐制度，一人犯罪，如果邻里知情不告，则治罪连坐。可见邻里实际上承担相互之间的犯罪举报义务。

其次，调查、勘验。司法机关决

定受理案件后，即开始调查事实、收集证据。一般将地方负责治安的官吏或什伍保甲组织的负责人向司法机关提供的关于案件的书面材料称为“爰书”。爰书中记录着案件相关人员的姓名、年龄、身份、籍贯、犯罪记录、前科处理等，还包括案发现场的现场勘验记录。为了破案和处理案件，在案件调查、勘验过程中可以实行“封守”，即查封、冻结被告的财产，看守被告的家人。

最后，审讯程序。案件经过起诉、调查、勘验阶段后进入审讯程序。秦朝称审讯为“讯狱”。审讯的主要目的是获得口供，即现在所谓的口头证据或言词证据。成功的“讯狱”是通过审问获得可靠的口供。在法庭上，不提倡实行刑讯。但如果被告不提供口供，或者所提供的口供不实，则仍可进行拷问、刑讯。司法机关对案件进行判决，必须引用法律

条款。秦律要求官吏熟悉法律，依照法律规定处理各类纠纷、案件。秦时还允许以判例（在秦时被称为“廷行事”）作为审案的依据。审讯后，由司法机关向当事人宣布判决，这一程序叫做“读鞫”。如果当事人不服，可以请求重新审判，这一程序叫做“乞鞫”。乞鞫者不限于本人，家人也可以代为乞鞫。

（二）汉朝的司法制度

汉承秦制，汉朝的司法制度以秦朝旧制为基础。同时，随着司法经验的积累、法律思想的变化，汉朝的司法制度又有了新的发展。春秋决狱、疑狱谳报与录囚、秋冬行刑等制度，都是汉朝时创立的，并对中国古代司法制度的发展影响深远。

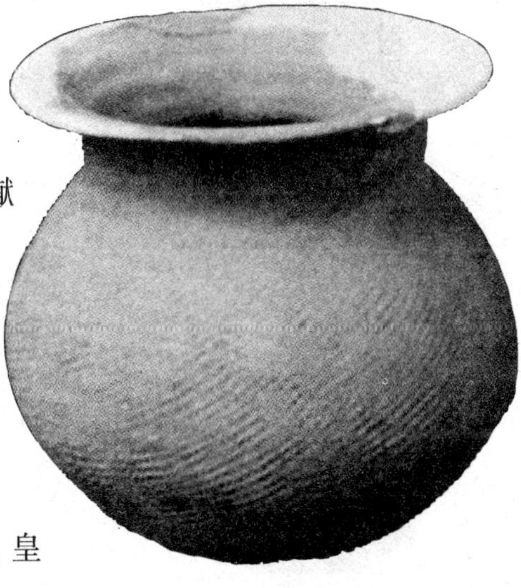

1. 司法机关体系

首先，在汉朝的中央司法机关中，皇

帝仍然是国家的最高司法官。但是皇帝一般不直接参与案件的诉讼审理过程，具体司法事务一般由丞相、御史大夫、廷尉承办。西汉初年，丞相为三公之首，一人之下，万人之上，总揽朝政，同时掌握诛罚大权，位高权重。汉武帝登基以后，为了加强皇权、削弱相权，任命尚书“出纳王命”“敷奏万机”，从此丞相的职权逐渐由尚书取代。汉成帝时，又在尚书之下设“五曹”。其中，“三公曹”主要负责司法事务。到东汉时期，尚书台成了国家的中枢机关。在尚书台下，又设立了主要负责辞讼事务的“二千石曹”（后世刑部的前身）。御史大夫主要负责监察、弹劾官吏，并与专职司法官一起处理案件。廷尉是汉朝最高的专门司法机关，长官也称为廷尉。在廷尉之下，设有正、兼、左监和右监等官职。廷尉的司法职能主要是受理地方上报的疑难案件和上诉案件，以及负责审理皇帝交办的重要案件。对于

一般案件，廷尉有权作出终审裁判；对于重大、疑难案件，则要先上报丞相（或尚书）、御史大夫等集体审议，再将审议结果上奏皇帝，由皇帝作出最后裁决。

其次，地方司法机关。在地方，司法机关与行政机关合一，地方行政长官同时也是各级地方的司法官。西汉初期，地方司法机关体制与行政体制一致，也分为郡、县两级。汉武帝时期，为了加强中央集权，将全国划分为十三个监察区，每个监察区由皇帝钦派刺史一人负责监察地方。刺史可以审理所负责郡、县的冤案及上诉案件。东汉末年，监察区改为州，并成为地方常设性机关，原来的巡回官刺史，也相应改为州牧。从而正式形成了州、郡、县三级地方司法机关。对于一般案件，地方司法机关可以自行审判，作出裁决，重大案件则要逐级上报廷尉，直到由皇帝作出最终裁决。

2. 诉讼审批制度

与秦朝相比，汉朝的诉讼审判制度更为完备，关于告劾、断狱、系囚等均有专门的法令。汉朝的起诉方式有两种，一种是告劾，即由当事人自己或被害人及其亲属向官府提起诉讼，类似于现在的自诉。另一种是由各级官府、监察机关主动察举违法犯罪行为，类似于现在的公诉。汉朝时确立了“亲亲得相首匿”的原则，即除了大逆、谋反等重罪外，亲属之间不负有举报的法律义务。在逮捕、羁押罪犯时，对贵族、官吏、老幼、废疾、孕妇实行特别优待，他们可以不戴刑具。与秦朝轻罪重刑的刑罚制度相比，汉朝的刑罚更为文明、人道。汉朝对被告进行审讯的过

程称为“鞫狱”。司法官在审问开始时，要向被告宣告作伪证的法律责任。如果被告提供虚假证据，且没有在三日之内主动提出更改，则司法官将按照伪证的程度对其进行反坐。在询问的过程中，司法官一般首先诘问被告。如果司法官认为诘问的方式不能取得足以给被告定罪的证据，则可以对被告进行刑讯。刑讯是汉朝合法的审讯方式。审讯结束以后，司法官结合掌握的各种证据，对案件的事实部分进行总结，拟订判词。有趣的是，司法官在判决以前，要向当事人宣读判词，这一程序被称作“读鞫”。如果当事人对读鞫没有异议，司法官就可以进行判决；如果当事人对事实部分有异议或推翻原来的口供，则司法官允许当事人请求复审，这被称作“乞鞫”。但是乞鞫要在一定的期限内进行，判决宣告三个月后再提出乞鞫的，司法官将不予受理。

汉承秦制，又创制了以下司法制度，

包括春秋决狱、疑狱谳报与录囚、秋冬行刑。

首先，春秋决狱又称经义决狱，是指西汉中期，在儒家思想成为官方正统思想之后，儒学大师董仲舒等人提倡以《春秋》大义作为司法裁判的指导思想，凡是法律没有规定的，司法官就依照儒家经义裁判案件；凡是法律条文与儒家经义相违背的，则儒家经义具有高于现行法律的效力。董仲舒系统地将儒家经义引入司法领域，《汉书·应邵传》记载："胶东相董仲舒老病致仕，朝廷每有争议，数遣张汤，亲至陋巷，于是作《春秋决狱》二百三十二事，动以经对。”此外，《诗》《书》《礼》《易》等儒家经典也被援引为司法裁判的依据。

“春秋决狱也，必本其事而原其志，志邪者不待成，首恶者罪特重，本直者论其轻。”这是董仲舒在《春秋繁露·精华》中提出的儒家化的定罪量刑的标准，可以看出，春秋决狱是从客观事实出发，推究行为人的主观善恶，如动机、目的、故意与过失等，在综合权衡客观方面与主观方面的基础上对行为人定罪量刑。春秋决狱并非单纯依据行为人的主观方面而对其定罪量刑，但是与法家偏重于把客观行为结果作为定罪量刑的标准相比，更注重对行为人主观方面的评价。这表现在凡是动机不良、目的邪恶的人，其行为不必产生预期结果，就可以给予惩治；犯罪行为的制造者、组织策划者要受到重罚；行为人处于善的动机，则尽管其行为导致了危害性结果的发生，也可以减轻处罚或免于处罚。例如，《太平御览》记载了董仲舒审判的一个案件：甲的父亲乙与丙发生口角而导致了殴斗，丙以配刀刺乙，甲为了保护父亲即以杖击丙，结果误伤了自己的父亲乙。在这个案件中，如果按照法家之法，由于甲的行为构成了殴父罪，则应对其判枭首（即将头割掉）之刑。董仲舒没有拘泥于成文法，而是依照春秋之义对该案件进行了评判："臣愚以父子至亲也，闻其斗，莫不有怵怅之心，扶杖而救之，非所以欲诟父也。甲非律所谓殴父，不当坐。"即董仲舒根据案件发生的场景、甲的行为，推究出甲是要救助

父亲，虽然发生了殴伤父亲的结果，但属于过失所致。综合分析主客观因素，董仲舒最后认为甲的行为不构成殴父之罪，不应该给予刑罚。

春秋决狱不仅推动了法律的儒家化，使得儒家的思想与法家已经创制完成的法律规则结合起来，并有所发展，从而奠定了中华法系儒法结合的基本样式，还修正了法家偏重于客观归罪的定罪量刑标准，强调在客观事实的基础上，推究行为人的主观方面，并据此来判究行为人是否有罪、罪重罪轻，试图矫正秦朝以来的严刑酷吏的司法风气。然而，春秋决狱也产生了一定的消极影响：引经注律成为律学研究的主要内容，造成中国古代法律与道德的高度混同，失去了先秦以来法家注重客观的科学性；在司法实践中，春秋决狱导致

司法官主观臆断，许多儒生出任司法官以后，片面强调行为人的主观方面而不结合行为人的客观事实；春秋决狱缺乏统一的标准，这为一些司法官徇私枉法提供了便利。对于同一性质的行为，在定罪量刑方面也存在极大的差异，往往同罪不同罚。

其次，疑狱谳报与录囚。在仁政、恤刑思想的指导下，汉朝创制了疑狱谳报与录囚制度。疑狱谳报，是指各地方官将疑难案件逐级上报，直至报送廷尉处理；廷尉也不能处理的案件，再上报皇帝，由皇帝召集大臣集体讨论，作出最后裁决。在汉朝初期，统治者就下令司法机关实行疑狱谳报制度。汉高祖刘邦曾经规定疑狱谳报的上报次序：县一级官员将不能决断的疑难案件报送二千石官；如果二千石官也不能决断，再上报廷尉；廷尉也决断不了的案件再奏请皇帝，由皇帝与丞相、御史大夫等集体讨论，并由

皇帝作出最终裁决。录囚是指皇帝、刺史、郡守审录在押囚犯，监察下级机关的缉捕、审判行为是否合法、有无差错，以便平反冤案，及时审决案件的制度。录囚制度创设于汉武帝时期，汉武帝在公元前106年颁布诏令，要求各州刺史每年八月“巡行所部郡国，录囚徒”。东汉的最高统治者对录囚制度也极为重视，如光武帝就曾亲自参与录囚。

疑狱谳报是自下而上呈报疑难案件，录囚是上级司法监察机关对下级司法审判行为的监督，这两种制度都起到了宣扬统治者仁政、厚德，统一适用法律的作用，有利于封建君主加强对地方司法权的控制。从平民百姓的角度来看，这两种制度也确实有利于改善狱政、纠改错案、体恤民命。

最后，秋冬行刑。儒学大师董仲舒以阴阳学说论述春夏生养、秋冬肃杀的天道思想：“春气暖者，天之所以爱而生

之；秋气清者，天之所以严而成之；夏气温者，天之所以乐而养之；冬气寒者，天之所以哀而藏之。”董仲舒认为，阴是刑气的象征，阳是德气的象征；阴开始于秋天，阳开始于春天。进而他指出，一年四季是阴阳变化的结果，统治者执行刑罚、施行德政都要与季节变化相适应，所谓：“天有四时，王有四政……天人所同有也。庆为春，赏为夏，罚为秋，刑为冬。”在春秋两个季节，统治者要顺应阳气生养万物的规律推行德政；在秋冬两个季节，统治者要顺应阴气肃杀万物的规律，决狱行刑，特别是死刑案件的审判必须在秋后执行，死刑的执行要在冬季。秋冬行刑理论把司法镇压与阴阳运行、四季变换相结合，借助天的权威性和现实生活中的感受加强司法的严肃性。

秋冬行刑有助于改变秦朝以来四时决狱刑罚的暴虐。这一理论对汉朝的司法制度产生了直接的影响，自汉武帝以后，重刑都在秋冬审决。东汉时则规定死刑只在十月间执行；除了极特殊的死刑案件外，一般案件在十月以外的时间执行死刑，都被视为是违背阴阳四时规律的。秋冬行刑理论还被汉朝以后的封建统治者所继承、发展，如明清时的秋审、朝审制度。

四、三国两晋南北朝司法制度

东汉末年，皇室统治衰微，东汉政权已经名存实亡。在镇压黄巾军起义的过程中，各地豪强军阀势力迅速发展起来，北方黄河流域连年混战割据，秦汉以来确立的君主专制中央集权统一国家逐渐瓦解。公元220年，曹操之子曹丕代汉称帝，改国号为魏；公元221年，刘备在成都称帝，国号为汉，史称蜀汉；公元229年，孙权在建业（今江苏南京）称帝，建立吴国。三国鼎立的局面正式形成。公元265年，司马炎代魏称帝，建立西晋政权，并于280年统一全国。但是，随着周边少数民族的大规模内迁和各种社会矛盾的日益激化，西晋王朝仅维持了短暂的统一便告灭亡，黄河流域再次陷入分裂、割据与战乱之中。公元317年，晋王司马睿重建晋朝，并避乱南迁，史称东晋。而北方进入了十六国时代，匈奴、鲜卑、氐、羯、羌等少数民族先后建立了二十多个大小政权。公元439年，黄河流域暂时归于统一。自公元420年到公元589年的南朝时期，先后经历了宋、齐、梁、陈四代政权。而北朝从公元386年起，经历了北魏、东魏、西魏、北齐、北周五代政权。公元581年，北周大将杨坚建立隋朝，并于589年再次统一全国，结束了长期分裂、割据、战乱、动荡的时代。

在三国两晋南北朝近四个世纪的历史进程中，仅西晋有过三十年左右的短暂

统一，其余绝大部分时间都处于分裂、割据与对峙之中。为了巩固王权，扩大势力范围，许多政权都进行了立法活动，促进了法律制度的持续发展和逐渐完善。只是这一时期制定的法律很少有能适用于全国的。但自汉代以来引礼入律的不断发展，使这一时期的法律制度出现了进一步的儒家化趋势。同时，这一时期的法制建设具有明显的承前启后的性质，是传统法律制度从秦汉早期向隋唐成熟完备发展过渡的重要阶段。无论是立法活动、司法制度，还是法律形式、法典体例、法律内容，在该时期都发生了很大的变化，并因而对后世法律制度的发展产生了深远的影响。

三国两晋南北朝时期的司法制度，基本上沿袭东汉，同时也发生了一

些新的变化。

(一) 司法机关体系

在这一时期，司法机关的设置基本上继承东汉旧制，中央也大都以廷尉为最高审判机构。当然，也出现了一些新的变化，如孙吴曾设大理，北周改称秋官大司寇，北齐则改设大理寺。值得提及的是，魏明帝曾采纳卫凯的建议，首次在廷尉中增设律博士一职，负责教授法律和培养司法官员，这是我国最早设置的专门从事法律教育的机构。这项制度被西晋以后的政权所继承，并在北齐时将人数从一人增至四人，表明统治者已经比较重视法律教育，开始注重对司法人员专业技能的培养。地方仍实行司法与行政合一、行政机关兼掌审判职能的体制。自东汉末年起，州变为一级地方行政机构，地方司法审级增加至州、郡、县三级。

（二）诉讼审判制度

三国两晋南北朝的诉讼审判制度既表现出对东汉审判制度的继承，又有所创新。

首先，皇帝参与审判录囚。这一时期，封建君主对司法审判权的控制进步加强，皇帝往往直接干预或亲自参加审判活动。如魏明帝不仅非常重视立法活动，专门组织制定曹魏基本法典《新

律》，还十分关注司法审判活动。公元229年，魏明帝改平望观为听讼观，并将其变成凌驾于廷尉之上的临时最高法庭，“每断大狱，常幸观临听之”。南朝宋武帝经常听讼决狱。为了加强对各级司法机关司法审判活动的监督检查，当时还普遍实行录囚制度，许多皇帝不仅亲自参与这一活动，还经常钦派亲近大臣前往各地审录囚徒。南北朝时期，皇帝还通过案验制度监督检查各地的司法活动。由此，便形成了一套自上而下逐级检验监督的案验制度。通过皇帝亲自干预或直接参与审判录囚以及逐级案验，加强了上级对下级、中央对地方、专制君主对地方各级机关司法审判的监督与控制。

其次，改进上诉直诉制度。曹魏时，为了简化诉讼审判程序，曾一度改变汉朝的上诉直诉制度，规定两年以上的案件，家人不得乞鞫上诉。两晋时又恢复上诉制度，规定判决结果须向当事人宣读，如

果当事人对判决不服，则允许其上诉。北魏律则明确规定，对判决结果有疑问或诉冤不服者，应该重新审理复核。在这一时期，不仅改进了上诉制度，还建立了直诉制度。从西晋时起，在朝堂外悬登闻鼓，允许有重大冤屈者击鼓鸣冤，直诉中央甚至皇帝。北魏太武帝时，也在京城宫门外悬设登闻鼓，允许击鼓鸣冤，直诉朝廷。上诉直诉制度加强了上级司法机关对下级司法机关的监督监察，有利于发现或纠正冤假错案。

最后，改善死刑复奏制度。这一时期，为了慎重对待和处理死刑重罪，开始逐步完善死刑复奏制度。公元236年，魏明帝曾下令廷尉及各级狱官，对要求恩赦的死罪重囚，要及时奏闻朝廷。公元463年，宋孝武帝规定，凡是死刑重犯必须上报朝廷，由有关官员听察。北魏太武帝时也明确规定，各地死刑案件一律上报奏谳，由皇帝亲自过问，须无疑问或冤屈方可以执行。死刑复奏制度对后世的司法审判和刑罚执行制度产生了直接的影响，并在隋唐时发展为死刑三复奏与五复奏制度。同时，该时期还盛行刑讯逼供酷法。在“刑乱国用重典”思想的指导下，司法制度带有明显的军事化、军法化倾向，盛行重枷、测枷、测罚、测立等刑讯逼供酷法。北魏孝文帝时，一些司法官员不惜动用重枷刑讯逼供，甚至将石头缒在犯人脖颈上，勒入其皮肉。南朝

梁武帝时，创立“测罚”逼供法，对拒不招供的犯人，先断食三天，再由其家人送粥进食，如此循环使用，直至其招供。陈武帝时，又发明了野蛮的“测立”逼供酷法，对受审者鞭打二十、笞捶三十，强迫其戴上枷械刑具，站立在顶部尖圆、仅容两脚的一尺高的土垛上，如此折磨逼供。这些刑讯逼供酷法均反映了当时司法制度的野蛮黑暗。

五、隋唐司法制度

公元581年，北周权臣杨坚夺取政权，建立隋朝，史称隋文帝。公元589年，隋军南下灭陈，重新统一中国。隋朝仅历经两代，便陷入了危机之中。在众多的反隋力量中，以李渊为代表的势力尤其雄厚，并在公元618年推翻隋朝，建立唐朝，定都长安。隋朝的灭亡使唐初统治者认识到人民群众的力量不可小觑，因此采取了一系列的让步政策和改革措施，使社会恢复安定和发展，出现了“贞观之治”和“开元盛世”的繁荣局面，成为继汉代以后我国封建社会中的又一个强盛时期。

在中国法制史上，隋唐法律达到了中国封建法律的高峰。封建法制经过秦汉、魏晋南北朝时期的发展，已经达到详备和成熟的程度。隋朝统治的时间虽然很短暂（仅维持了37年），但《开皇律》在封建法制发展史上具有承上启下的作用，地位重要、影响深远、引人注目。以唐太宗李世民为代表的唐朝前期的统治者，注重摸索总结历代封建统治的经验，吸收了历史上有利于封建统治、缓和阶级矛盾、安定社会的法律制度，集传统法律之大成，展开了大规模的立法活动。《贞观律》《永徽律》《永徽律疏》《开元律》等法典，都是在这一时期创制的。中国历代学者对唐律推崇备至，唐律“一准乎礼”和内容的全面完备的特点，使之不但成为封建法律的楷模，而且被公认为中华法系的代表，并

对日本、朝鲜等邻国封建法典的制定具有深远的影响。长期以来，唐律被国内外的学者看作是一座封建法学的宝库，取之不尽、用之不竭。

（一）隋朝司法制度的变革

隋朝时对诉讼、刑讯、死刑执行等司法制度进行了改革、完善。

首先，诉讼制度。《开皇律》颁布之初，隋文帝认为法令初行，很多百姓对其还很陌生，因而犯法人数众多。因此，隋文帝下诏通令全国，要依法公正处理诉讼。如果百姓有什么冤屈，先向地方官府申诉；如果县官不予受理，允许经郡、州，直至上诉尚书省。甚至可以请求朝廷处理。如果申诉仍未得到公正的解决，则允许“挝登闻鼓”，直接向皇帝鸣冤。

其次，讯囚制度。中国自古以来的法律制度，都允许司法机关用刑罚拷讯罪犯以获取口供。汉代以后，虽然法律对刑

讯的方式、程度也有粗略的限定，但法外刑讯历代相承，手段极其苛酷残毒，被审讯者往往忍受不了这种严酷刑讯而屈打成招。开皇中期立法规定：“讯囚不得过二百，枷杖大小，咸为之成品，行杖不得易人。”从此以后，讯囚被纳入严格的规范当中。

最后，死刑复核制度。开皇十二年，隋文帝认识到，由于各地官员的执法水平不一，往往出现同罪异罚的现象。因此，隋文帝诏令：“诸州死罪不得便决，悉移大理案覆，事尽然后上省奏裁。”即剥夺地方对死刑案件的处决权，并将死刑案件集中到大理寺进行复核。复核后，证据确凿、应判死刑的案件，要呈报尚书省奏明皇帝最后裁决。开皇十五年有规定：“死罪者三奏而后决。”建立了死刑三复奏制度，即执行死刑前要先三次复奏，之后方可以执行，以强调对死刑的慎重态度。

（二）唐朝司法制度

1. 司法机关体系

首先，在中央司法机关，皇帝仍然掌握着最高司法权，拥有对案件的最高审判权和终审判决权。普通案件一经皇帝判决，则任何机构都不能再加以改正。死刑案件必须经过皇帝亲自批准方可以执行。此外，只有皇帝才能发布赦免令。在中央，设有大理寺、刑部、御史台三大司法机关，分别执掌中央司法机构的各项职能。大理寺是中央最高审判机关，由秦汉时期的廷尉演变而来，专门负责中央百官犯罪及京城徒刑以上案件。对徒刑、流刑（仅次于死刑，将犯人遣送到一定距离以外的边远地区，并在一定期限内强迫其劳役，期满后不经过特赦、大赦不得擅自迁回原籍的一种刑罚）案件所作的判决，必须交刑部复核；死刑案件必须经过皇帝批准。同时，大理寺对刑部移送的案

件有复审权。刑部是尚书省六部（三省六部制创立于隋朝，三省包括中书省、尚书省、门下省；在尚书省之下，设有六部，包括吏部、户部、礼部、兵部、刑部、工部）之一，掌管司法政令，并兼负复核职责，负责复核大理寺流刑以下及地方州县所报的徒刑以上案件，是中央司法行政兼审判复核机关。御史台是中央的监察机关，掌管纠察、弹劾百官的违法犯罪行为，同时负责监督大理寺和刑部的司法审判活动。此外，御史台也参与对重大案件的审理。

唐朝中期以后，还建立了“三司推事”制度。中央或地方遇有重大疑难案件，由皇帝特招大理寺、刑部和御史台三大司法机关组成临时法庭，共同审理。“三法司”联合审判由此开始。由于案件情况不同，三司的组成人员可以变化，审判地点在京城，也可以在地方。三司在地方审判又称为“小三司推事”。唐代中央三大司法机关的出现，说明中国古代司法已逐渐从行政体制中分离出来，成为相对独立的专业部门。三大司法机关之间各有分工侧重，又互相监督制约，既有效地保证了司法审判的正常运行，又有利于皇帝对司法权的直接控制。

其次，在地方司法机关，州、县司法权仍掌握在行政长官手中。但不同的是，在地方行政长官属下增设了专门掌管民事和刑事诉讼的官员，这是唐代地方司法的重要特征。县作为最低一级的行政机构，也是最低的审判机关，是诉讼程序的第一审级，县令、县丞有权审断一般的刑事和民事案件。其下还设有司户佐和司法佐，前者掌管田、户、赋役及户婚、田土引发的民事纠纷；后者专门负责处理刑事纠纷。县以上的州、府行政长官，每年巡视属县一次，录囚徒，察狱讼，查处不法县吏，发现疑难案件及时上报中央或上奏皇帝。其下设专职的司法人员：司法参军事和司户参军事，前者掌管律令格式、鞫狱定刑、督捕盗贼，专门审理刑事诉讼；后者则专门审理田土、户婚之类的民事诉讼。可以看出，唐代地方州县尽管行政与司法不分，但刑事诉讼和民事诉讼还是有区别的。此外，御史台派到各地行使监察职能的监察御史，在必要时也参与对各地重要案件的审判。

2. 诉讼审判制度

唐代虽然没有独立的诉讼法典，但《唐律疏议》中还是有许多专门涉及诉讼程序的规定，从起诉、管辖、审判规则、执行，到法官责任制度，结构严谨，内容丰富，自成体系。

首先，起诉制度。唐代的诉讼一般分

为两种。第一种叫做“举劾”，是指由监察机关、各级官吏代表国家纠举犯罪。对于监察机关、各部门主管官员而言，举劾监察对象和所属官吏的犯罪是其法定的必须履行的义务。此外，邻里之间对强盗、杀人，普通人对谋反、谋叛、谋大逆等严重犯罪都有向官府纠举的义务。第二种叫做“告诉”，是指当事人就所受伤害或所牵涉的纠纷向官府提起的诉讼。对于告诉案件，可以由当事人直接向官府提起诉讼，也可以由其亲属代为提起，并且还要向官府呈交“辞牒”（即现在所说的诉状）。唐律限制一部分人行使告诉权，除了“十恶”（“十恶”重罪包括谋反、谋大逆、谋叛、恶逆、不道、大不敬、不孝、不睦、不义、内乱。在秦汉法律中已有所体现，只是罪名有些出入，到隋朝时正式将其列入《名例律》中，并为唐朝所沿用）等重大犯罪

外，一般犯罪，卑幼不得告尊长，奴婢不得告主人；在押囚犯及年八十以上、十岁以下、有残疾的，不得控告他人犯罪。

其次，管辖制度。唐代审判管辖采取基层初审、逐级判决的制度。所有的刑事、民事案件，都必须先到最基层的州县衙门立案、审理。对一般的民事案件和笞、杖（笞刑、杖刑是五刑制度中的两种。五刑起源于西周，当时的五刑包括墨、劓、宫、刖、杀。魏晋时期，提出新五刑制度，包括死、髡、赎、罚金、杂抵五种刑罚。北周时进一步改革五刑制度，规定五刑分别为杖刑、鞭刑、徒刑、流刑、死刑五种。隋朝又对北周的五刑制度进行改革，正式将五刑确立为笞、杖、徒、流、死五种，并为后世唐宋明清各代所沿用）等轻微的刑事案件，县一级司法机关有权做出生效判决；对于徒以上的犯罪案件，审理后提出判决意见，上报州府复审后，州府即可对徒罪案件做出有效判决，

但该判决以及对流罪案件的判决意见还要送到刑部复核。刑部复核无误的徒刑案件，即可以执行，而流刑案件还要送到中书门下复审，死刑案件要奏请皇帝裁决。如果有冤假错案，徒流案件驳回重审重判，死刑案件移送大理寺复审。此外，对于牵连犯，同级司法机关也有权限上的划分，一般是后缉捕的囚犯送到先缉捕的囚犯处审理，罪行较轻的囚犯送到罪行较重的囚犯处审理，犯罪人数少的送到犯罪人数多的地方审理。如果两地相距很远，也可以就地审判。

再次，审判制度。为了防止审判官因与当事人有亲属、仇嫌关系而在审判中徇私舞弊，唐律确立了审判回避原则，又叫“换推制”：凡是主审官与当事人是五服内的亲属或姻亲，或是师生关系，或曾与主审官是上下级关系，以及此前有仇嫌关系的，主审官都要回避。唐律还确立了证据原则。唐代法律认定的证据有口供、物证和旁证。口供是最重要的证据。为了取得口供，唐律允许拷讯，并规定了拷讯的程序和要求。拷讯是在有其他旁证但事实仍然不清的情况下，由主审官和其他参审官共同决定进行。拷讯只可以用常行杖，次数不得超过三次，每次拷讯的间隔时间在二十天以上，总数不得超过二百；犯杖罪以下的，则拷讯的次数不得超过所犯杖罪之数。经过法定的拷讯程序后，当事人仍不供认的，可以取保放人。拷讯不得适用于享有特权的贵族官僚、老幼、有疾病者、孕妇以及生产的妇女等。毫无疑问，拷讯体现了封建法律的野蛮性，但将其限制在法律许可的范围内，也是一种历史的进步。

当事实清楚、证据确凿时，必须依照法律作出判决。《唐律疏议》中明确司法审判、定罪量刑职能以律令格式（律令格式是唐朝的四种最基本的法律形式）为准。皇帝对具体事项所发布的诏令，如果没有经过立法程序上升为法律，则其效力只是临时的，且只局限于特定的事和人。如果当事人不服判决，可以提出上诉。对于上诉案件，先由原审机关重审。如果当事人对其重审的结果仍然不服，还可以逐级上诉，直至皇帝。唐代受理上诉的机关有州、尚书省、三司和皇帝四级。向皇帝申诉的方式主要有上表、击登闻鼓等。

最后，执行制度和法官责任制度。根据唐律的规定，县一级司法机关可以执行笞刑和杖刑。对于徒刑，若在京城，则男犯将被送去坐监、女犯送去少府监服劳役；若在州县，则一律送往当地官府服劳役。对于流刑，则根据所流放地方的远近不同，分别将犯人押送到指定地点服役。如果执法人员没有将流犯押送到指定地点，而是将其稽留下来，则执法人员依照唐律也会受到制裁。对于死刑的执行，必须经过三复奏程序，即在对死刑犯执行死刑前，要三次奏请皇帝是否立即执行。贞观初年，唐太宗李世民以“人命至重，一死不可再生”为由，曾经一度将京城死刑改为五复奏，但各州的死刑案件仍然用三复奏程序。如果执法人员没有经过三复奏或五复奏程序而将死刑犯处死，则执法人员将面临流刑的惩罚。死刑执行的时间限制在每年的秋分以后、立春以前。在这段时间每月的朔望日、上下弦（朔望两弦四相是根据月亮圆缺而定的）、二十四节气等，除了谋反、谋叛、谋大逆等需要奏决死刑的重大犯罪外，其他死刑案件，均不得奏决死刑。

为了保证司法审判的公正合法，唐律规定法官“出入人罪”应当承担刑事责任。“出罪”即重罪轻判或有罪不判；“入罪”则相反，是指轻罪重判或无罪判作有罪。犯有出入人罪的司法官吏，将根据其主观的故意或过失而承担相应的法律责任。唐代还确立了同职连署制，要求有关官员共同审判案件，共同承担错判的法律责任。这有利于官员之间互相监督，避免错判，并保证办案质量。

3. 监察制度

唐代的监察制度更为完善，且已经定型化。御史台是专门的监察机关，以御史大夫为首，职责是弹劾百官、参与重要案件的审理、监督府库的开支用度、对朝廷重大活动的礼仪进行纠察。御史台内设台院、殿院、察院三个分支机构。台院承担御史台在朝廷的主要职责，包括弹劾官吏，参加大理寺审判及处理皇帝交办的案件；殿院主要负责对朝仪的监察，包括对朝廷礼仪、皇帝出巡的礼仪监察；察院的主要职责是监察、纠弹尚书省六部，同时负责对地方州县官吏的监察。察院派往地方的监察御史，对各级官吏行使监察权的依据是“六察法”，其内容包括：监察官吏行使检查区域内户口是否增减、赋税是否公平、农业生产的好坏、地方治安状况的好坏等。谏议制度是唐代监察制度的一项重要内容，唐朝设立了左右谏议大夫、左右拾遗、左右补阙等谏官，主要职责是对国家政策、法令的执行情况及皇帝勤政的情况进行监督、批评，甚至可以对皇帝本人进行规谏。谏议制度是封建国家进行自我补救的一种手段，既可以约束皇帝的恣意行为，也可以保证正常的统治秩序。

由此可见，唐律所确立的封建司法系统有序而规范，严谨而成熟，达到了相当完备的程度。这使得唐前期司法统一、执法严明，为唐政治经济的发展提供了强有力的法律保障。但是，唐朝后期，随着封建皇室统治的日益衰微和中央集权的削弱，在中央，出现了宦官擅政；在地方，出现了藩镇割据。种种因素，造成了随意立法、司法失控、执法混乱的局面，严重破坏了唐朝初期确立的集中统一、严密规范的司法程序，加剧了法令的废弛和刑罚的酷乱。

六、宋、辽、西夏、金司法制度

公元960年，赵匡胤发动陈桥兵变，夺取后周政权，建立宋朝，定都汴梁（今河南开封），史称北宋。北宋统治期间，与之并存的政权还有北方的辽国（契丹）、西北的西夏（党项），以及金（女真）国。公元1127年，金国入侵中原，宋王朝南迁至临安（今浙江杭州），史称南宋。

（一）宋朝司法制度

宋朝是在五代十国大分裂和唐百年藩镇割据之后建立的封建政权。起初，宋朝统治者深感分裂割据造成的灾难和威胁，并一直受到辽、西夏、金等少数民族政权的侵扰，民族矛盾十分尖锐，由此加剧了阶级矛盾和社会矛盾的尖锐化和复杂化。削弱地方势力、巩固国家统一、加强中央集权的努力使两宋时期中央集权的完备程度超过了汉唐。宋朝的法律制度基本沿袭唐朝，但因特定的政治经济形势，其法律制度具有鲜明的时代特色。其中，建立高度集权化的司法制度，便是宋朝专制主义中央集权基本国策的重要组成部分。

1. 君主集权的司法机关体系

首先，大理寺、刑部、御史台仍为宋朝中央的三大司法机关。大理寺为中央的最高审判机关，负责审理地方各州县上报的刑事案件以及京城百官案件，实行审判分离。刑部作为司法行政机关，同时负责复核大理寺所决断的全国的死刑案件。御史台继续负责监察。为了加强皇帝对三个机关司法审判的制约，公元991年，宋太宗在宫中增置审刑院，由皇帝指派亲信大臣或高级官员出任长官知院事，负责复核大理寺所裁断的案件，实际上是代表皇帝控制司法，削弱了刑部原有的权力。如此以来，全国各地上奏中央的案件，先送往审刑院备案，再交大理寺审

理、刑部复核后，再返回审刑院，由知院事或其下的详议官写出书面意见，最后奏请皇帝，由皇帝作出最终裁决。此外，宋初还增设了制勘院和推勘院等临时性的审判机构，负责审理皇帝交办的案件。中央的行政机构，如门下省、中书省、枢密院、三司也都有权参与审判权力。这种司法机构的多元性分散了司法权力，便于皇帝直接控制操纵，行使最高的终审权力。但是，机构重叠、职权重复，使得司法程序更加复杂混乱。因此，宋神宗时撤销了审刑院，将其职权划归刑部。

其次，宋地方政权分为路（府军监）、州、县三级。州县与唐时一样，知州

（知府）、知县（县令）同时是司法长官，兼负责审理狱讼。县是诉讼的第一审级，有权判决杖以下案件，对徒刑以上的案件，则须将案情审理清楚，写出初步意见，报送知州、府，由州、府做出正式判决。宋朝对县级审判不够重视，设置的负责司法事务的属官比唐代还少，除知县或县令外，有些县只是县尉一人直接主持司法审判。由于人少事多，冤假错案不可避免。州、府是第二审级，有权判决徒刑以上案件，但对死刑案件做出的判决，必须上报提刑司复核；重大疑难案件报送刑部，由大理寺审议，甚至要经皇帝批准后，方可以执行。州、府还可以直接受理诉状。宋代州、府经办的案件数量多、案情重，职责重要，所以设置的官员比县一级多，并实行审判分离的制度。各路所设的提点刑狱司，是中央派出的代表中央监督所辖州县司法审判活动的机构，负责复查地方审判案件；如有疑难及拖延未

决的案件，提点刑狱司可赴州县审问。州县已决的案件，如果当事人不服，则由各路提点刑狱司复推。提点刑狱司每年两次巡查州县，平反冤狱，监察地方官吏。另外，各州的死刑案件必须经过提点刑狱司复审、核准后方可执行。通过提点刑狱司的巡查活动，中央加强了对死刑判决权的控制和对一般审判活动的监督。宋朝时，皇帝还亲自介入审判活动。宋代皇帝亲自审录囚徒或下诏断罪比以往更为频繁，并且审录的时间从夏季延迟到冬季。由此，宋朝的录囚范围扩大，并经常化、制度化。这对于纠正冤假错案大有裨益。然而随着皇帝司法权力的无限扩大，使其个人权威凌驾于法律之上，破坏了正常的司法程序，更加速了宋王朝的灭亡。

2. 民刑有别的诉讼程序

宋朝刑事诉讼制度沿袭唐制，但其民事诉讼法律却比以往各朝代都更为细密。这表现在以下几个方面：一是规定了民事诉讼的受理时间。《宋刑统》规定每年农历十月一日至第二年的正月三十日，州县官府可以受理民事诉讼，其他时间不能受理；如果原来已受理的民事案件尚未审理完毕，可以延长审理到三月底。但三月底以后，不仅不能接案，也不能审案。限定民事案件的诉讼、审理时限，以免影响农耕。宋朝的民事争讼主要包括田宅、婚姻、债务三种类型。在诉讼、审理过程中，当事人的左邻右舍也可能被牵涉在内。为了不耽误农事，将这类案件的受理时间限制在农闲时节，这是宋代诉讼审判制度的重要发展，也体现了一个以农业生产为主的国家法律制度的特色。二是规定了民事诉讼的时效，超过时效的诉讼，官府不再受理。宋太祖时规定，对于因战乱远走他乡，返乡后认领田宅的，如果超过十五年，则官府不再受理；《宋刑统》规定，田地房屋分界纠纷，当时没有提起诉讼，事后因为证人死亡、契书毁乱而提起诉讼，如果此时已超过二十年，则官府不再受理；对于债务纠纷，如果债务人、保人已逃亡，超过三十年的，官府不再受理。南宋高宗时，对于买卖田宅依法律规定超过三年而后又发生纠纷的，也不予受理。时效的规定意在稳定依法已经形成的民事关系，维持社会秩序。三是规定了当事人对案件审判结果不服时，可以和刑事案件一样逐级上诉，但终审机关是中央户部。

3. 鞫谳分司的审判制度

鞫谳分司，简言之就是审判分离，是指由专职官员分别负责审与判的制度。鞫谳分司是宋朝审判制度的特色，从州到大理寺，都实行了这一制度。在中央，大理寺、刑部设有详断官（又称断司）、详议官（又称议司）分别负责审讯、法律适用。而后由长官审定断案。在地方，州府设司理院，由司理参军负责审讯人犯、传集人证、调查事实等审判事务；设司法参军，负责根据已经认定的事实检索有关法律条文，定罪量刑，在这些工作的基础上，最后由知州亲自决断。在这种制度下，检法断案的官员无权过问审判，负责审判的官员又无法检法断案，两机关独立活动，互不通信。这有利于防止司法官员因缘为奸，保证了司法审判的公正。专门设置检法断案的官吏，也反映出宋代法律制度体系的庞大、复杂、难用的特点。

4. “翻译别勘”

翻译别勘是指犯人如果在录问或行刑时提出申诉，则案件必须重新审理。它起源于唐末五代，是为了防止冤假错案而规定的复审制度。宋代的“翻译别勘”分为原审机关的“移司别勘”和上级机关的“差官别推”两种。前者是指同级异司复审，即由原审机关将案子交由另一个官司复审。宋朝时从中央到地方各级司法机构中都设有两个或两个以上的法院，如中央刑部有左、右厅治事，大理寺有左、右推官。这种左右并列的机构设置，目的之一就是便于犯人不服伸冤时可以“移司别推”。后者是指原审机关必须将案子申报到上级机关，由上级机关负责差派与原审机关不相干的另外一个机关的官员重新审理。

该差派的官员可以前往原审机关主审，也可以将案子移送到其他机关，由接受差派的官员负责审理。官吏在别勘时

发现冤抑，还会受到嘉奖。同时，为了防止囚犯利用“翻译别勘”拖延时间，宋代沿用唐代的三推制度，在一般情况下，囚犯只要经过三次别推后，再翻异则不再复推，强行判决，南宋时又改为五推。

5. 检查勘验制度

在宋代的各种证据制度中，属检查勘验制度发展的程度最高、成果最大、最引人注目。法律明文规定了在哪些情况下，司法人员必须检验或不必检验，非正常死亡、囚犯在狱中死亡等都是必须进行检验的，以搞清是否为犯罪所致。除尸体勘验以外，活体也可以进行检验。检验必须经过报检、初检、复检三个程序：发生杀伤案件时，由地邻、地保等向官府报检；所在地的官府进行初检；再由上级或相邻州县进行复检。此外，检验时还要做笔录。同时，法律还规定了检验人员的组成及责任，检验人员要按照检验的范围、时间进行。检验时不得收受贿赂、徇私枉法，违反者以犯罪论处。

在这一时期，还相继出现了一些检验方面的著作，如郑克的《折狱龟鉴》、桂万融的《棠阴比事》、宋慈的《洗冤集录》等等，推动了法医学从单纯的经验型向理论化的发展，使中国古代的法医学成为一门独立的学科。

其中，尤以宋慈的《洗冤集录》最为引人注目。它的贡献主要体现为：一是提出了法医学鉴定的标准。该书提供了大量的鉴定实例，对许多容易混淆的死亡和伤亡现象的原因给出了比较科学的鉴定结论。二是对现场勘验所应注意的各种问题给出了说明。《洗冤集录》是中国历史上最早的一部比较完整的法医学专著，也是世界上第一部法医学专著。它不仅在后来的元、明、清各代享有盛名，而且还在明代时被译成朝鲜、日本、法国、英国、德国、荷兰等多国语言文字，广泛流传。而直到三百多年后，欧洲才有了法医学方面的书籍。

（二）辽国司法制度概况

公元916年，北方契丹族首领耶律阿保机自称皇帝，建立了军事封建统治。辽建国之初，正处于从奴隶制向封建制迅速过渡的阶段，受中原文化汉族文化的影响，其法律制度既带有奴隶制的痕迹，又有封建化的特征；既有本民族的习惯，又吸收了唐宋的某些法律制度，因而别具一格。契丹建国以前，司法事务由部落中的长老负责处理。太祖时设置了专职的司法官“夷离毕”，以及专门的司法机构“夷离毕院”；汉族地区则由州县官执掌司法权。圣宗时，实行分治，设南、北两枢密院，分别管理汉人和契丹人的军政事务，同时也是最高的司法机关。公元994年，又仿照汉制设大理寺，负责审理重大案件。从圣宗开始，契丹人犯法依照汉律定罪量刑，并由汉族官员审问。为防止汉族官员冤枉契丹人，兴宗时在上京、中京、东京、西京、南京各设契丹巡警使，专门审理契丹人犯罪。当然，即使巡警使审理案件，也是遵照汉法。

（三）西夏司法制度概况

公元1038年，居住在西北地区的党项族首领李元昊称帝，建立了以党项族为主体的大夏王朝，史称西夏。党项族在隋唐时期尚处于原始社会，以本民族的习惯法为主。在与汉族文化交流的过程中，仿效中原王朝，建立了自己的政治、法律、军事制度。特别是西夏王朝建立时，法制也进入了一个新的发展阶段。西夏的开国皇帝李元昊，深受儒家思想熏陶，曾经研习中原王朝的法律制度，重视立法建制，并使之成为传统。西夏的司法制度也经历了一个发展的过程。从党项族内迁以后，随着社会的进步和汉族法文化的输入，开始设置“和断官”，运用法律手段裁决争端。《天盛改旧新定律令》中规定了陈告司、审讯司等司法机关的职责，

以及有关刑事诉讼程序和司法官的法定责任。西夏法律也允许司法官拷讯犯人获取口供，还有对监狱官吏的各项规定。

（四）金司法制度概况

金人亦称女真人，居住在东北地区，公元1114年，女真完颜部为了摆脱辽的压迫和勒索，在首领阿骨打的率领下，起兵抗辽，并取得胜利。1115年，阿骨打正式建国称帝，定国号为金。金在进入中原以前仍然处于奴隶制阶段，使用本民族的习惯法。阿骨打建立金国后，在一段时间内仍然如此。后来，随着统治疆域的逐渐扩展，金取代辽和宋在北方的统治，逐步完成了封建化的过程，在法制上出现了辽、宋法律与金习惯法并存的局面。金太宗时开始立法改制，熙宗即位后，逐步采用汉律来统一金的法律制度，改变了多种法制并存的状况。由于金的统治区域迅速扩大到大半个中国，汉族成为主要的统治对象，所以金的司法机关一开始就采取了汉族封建国家的司法体系，中央司法机关设有大理寺、刑部、御史台，御史台下设有“登闻鼓院”“登闻检院”。在地方司法机构中设有路提刑司，后来又改为按察使司，执掌司法。州县仍由行政长官兼理司法事务。

七、元、明、清司法制度

（一）元朝司法制度

13世纪初，蒙古族各族结束了内部纷争，在领袖铁木真的领导下实现了统一，建立了蒙古汗国。铁木真被尊为“成吉思汗”，即拥有四海的皇帝。蒙古国建立以后，便开始了拓展疆域的南征北战，先后灭掉了西夏、金、南宋。公元1264年，将统治中心从上都（今蒙古多伦附

近）迁至燕京（今北京）。公元1271年，成吉思汗的孙子忽必烈建立元朝，并于1279年最终统一全国。

蒙古国时期，尚未形成系统的司法制度，实践中既无固定的司法机关，也无稳定的诉讼审判程序。建元后，在民族传统习惯、宗教信仰的差异和阶级矛盾的交相作用下，逐渐形成了多元化、复杂化的司法体制。元朝统治者将中国境内的居民分为四等：第一等是蒙古人，第二等是色目人，第三等是汉人，第四等是南人。司法审判权因不同的对象，由大宗正府、刑部、御史台、宣政院等司法机关分别行使。元朝的司法机关系统紊乱，与唐宋相比，是一种历史的倒退。但这一时期的诉讼与审判制度有所发展，“诉讼”已作为专篇出现在法典之中，并规定了较为严格的诉讼制度，表现出诉讼法与程序法分离的趋势。

1. 司法机关体系

首先，元朝的中央司法机关，由大宗正府、刑部、御史台、宣政院等组成。元朝以大宗正府取代大理寺成为中央审判机关，由蒙古王公掌管，专门审理蒙古王公贵族的犯罪案件。具体而言，大宗正府的职责包括以下两个方面：一是管理诸王公、驸马、投下（一种官衔）、蒙古人、色目人的刑名词讼事务；二是对汉人的奸、盗、诈伪、蛊毒厌魅、诱拐逃亡驱口（男女奴隶的统称）等负有审理职责。大宗正府在元朝具有十分重要的地位，和前代的大理寺不同，它与刑部没有隶属关系，地位与中书省、枢密院并列，不受御史台的监督检查，司法审判完全独立进行。刑部既是元朝的中央司法行政机关，又是最高审判机关，“掌天下刑名法律之政令”。这一时期，刑部的职能大大超过唐宋，其下不设分司，重在强调司法的功能；同时，刑部还附设监狱。蒙古贵族、

僧侣、军官的犯罪案件则均不归其管辖。因此，虽然刑部的职权范围扩大了，但同时也受到最高权力的限制。

宗教在元朝受到特别推崇，僧侣们被赋予种种特权。这使僧侣飞扬跋扈、强占民宅、奸淫妇女、侵夺财物、强占民田之类的事情时有发生，甚至将一般的贵族、官僚也不放在眼里。在这种情况下，元朝设立宣政院作为全国最高宗教管理机关与宗教审判机关，专门负责审理重大的僧侣案件和僧侣纠纷。但僧人除犯有奸盗、诈伪、殴伤人命等罪归司法机关审问外，其他一般案件，都由寺院审理。为了保护僧侣的特权，由地方官审理的涉及僧侣的案件，必须上报宣政院。

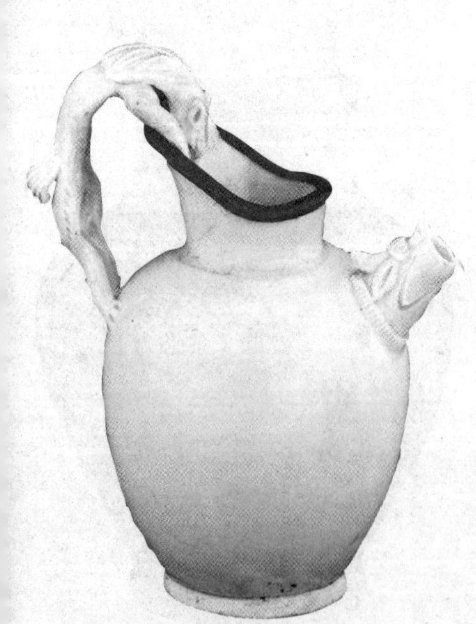

同时，元朝统治者为了控制宣政院的审判权，诏令御史台参与、监督宣政院的司法审判，并有权惩治宣政院官的徇私枉法行为。此外，其他一些国家机关也握有一定的审判权。如掌管宫廷执事的中政院，兼理内廷官吏案件的审理。元朝还在蒙古驻军所在地和军户所在地设立由枢密院统辖的“奥鲁”，负责审理属下军户的斗讼、婚田、钱债、私奸、杂犯等诉讼。其余有关人命、强盗、窃盗、防火、私印假钞等死罪案件，则由奥鲁与有关司法机关一起审理。

其次，地方司法机关。元地方政府分为行省、路、府（州）、县四级。行省是地方的最高政务及司法机关，享有司法审判权。与它同级的是行枢密院和行御史台，前者负责军人的司法事务，后者所设肃政廉防使司有权监督各路司法，处断官吏犯罪，审覆民间冤案。路是一级重要的地方机构，设有总管府。达鲁花赤是最高行政长官，负责司法审判的具体事务，同时握有审判的批准权和上报权。总管府设有推官，专门负责刑事审判事务。军人的司法事务则由“奥鲁”官府管理，不受路或府州县的统辖。此外，路一级还设有

僧录司，负责僧尼词讼。如果地方军民、僧侣间发生重大案件，通常由这些机构共同审理。由上述机构共同审理军民、僧侣之间发生的重大争讼。由此以来，路一级存在多重的司法机构。州、县的设置，大致与路相似。元朝地方司法机关的审判权限是杖罪以下的案件，而徒、流、死罪要由司法监察机关复审后，再审奏刑部作最后裁决。

元代的司法机关受蒙古贵族、地主的控制、垄断。上层司法机关，如宗正府、刑部、御史台以及各道的提刑按察司的长官都以蒙古人为主，而汉人最多为副职。御史大夫更是非蒙古贵族不授，各地方司法大权也掌握在蒙古人手中。

2. 诉讼审判制度

元朝诉讼制度在法典上独立成篇，这在元以前的法典中是没有的。它不仅对民事诉讼与刑事诉讼、实

体法与程序法作出了初步分离（如对民事诉讼的当事人一般不予羁押，军官、巡检、出使人不得接受民词，推官专管刑狱，正官专理词讼等），而且还规定了严格的诉讼制度（如代诉和“诉状”的格式等）。

首先，告诉、管辖制度。这一时期的诉讼仍然区分自诉和官府纠举两种方式。仿效唐宋，元代对自诉主体的诉权做出种种限制。奴婢、雇佣者除主人犯恶逆侵害自身允许告诉以外，其余不得告诉，违者处杖刑，甚至死刑。同时，对妻子告丈夫、子女告父亲的案件也是严厉禁止的。元朝允许逐级上诉，但不得越级上诉（但如果主管官吏收受贿赂、徇私枉法，则可以越级上诉，且不以越诉论处）。为标榜仁政，元代承袭前代的上诉制度，在中书省设立登闻鼓，允许有冤情的当事人击登闻鼓申诉。元代的司法管辖，除了地区管辖外，还有因民族、职业、户籍、身份、信仰等不同而设置的专门管辖。如关于僧侣、军人、蒙古人等的案件，一般都由专门机关管辖。当不同户籍、民族以及僧侣之间发生刑名诉讼时，就由政府将有关户籍的直属官员请来共同审理。这就是所谓的“约会”制度，它只适用于轻微的刑名词讼。

其次，审判制度及法官责任制度。元朝法律对审判程序有详尽的规定：一是除了重大案件外，一般不得在夜间询问被告；拷讯囚徒，必须经过主管官吏立案后，按规定施行；任意用刑致使被告伤亡的，主管官吏将承担刑罚。二是禁止司法官以搜集书证、进行尸检为由任意抄没民宅。三是“恤囚”制度在这一时期也所发展，轻重囚犯、男女囚犯分别关押，医治有疾病的囚犯，有严重疾病的囚犯可以免带枷锁。如果不分轻重缓急，或因治疗不及时导致囚犯死亡或伤病，则主管官吏要承担刑事责任。元朝法律规定了司法官吏的审判回避制度，如果审判、听讼官吏与当事人有亲戚、姻亲、师友、同僚关系，或与当事人有仇隙，则其在审判时应该回避。对于故意出入人罪的，要受到严惩；过失出入人罪的，也要面临相应的处罚。对于官司拖延审判，或因为法官意见不一且没有及时向上级报告的，由监察御史及廉访司对有关人员进行纠治。

最后，民事诉讼制度。由于经济的发展和民族交往的频繁，民事纠纷日渐增多。为了适应形势发展的需要，元朝民事

诉讼有了一些新的发展：一是诉讼代理的范围有所扩大，元律规定，对于70岁以上、15岁以下、有疾病的人的诉讼，可以由少壮人代理。元代的代理制度，更多地运用于田宅、婚姻、继承等民事诉讼案件之中，但不仅限于民事诉讼。二是对民诉采取不告不理的原则。三是广泛地运用调解，包括司法机关的调解和民间调解。民间调解由县以下设置的社长负责。调解的结果对当事人具有法律效力，当事人一般不得再以同样的事实和理由提起诉讼。

然而，虽然元代法律规定了较为详尽的诉讼审判制度，但由于统治者“任意而不任法”，这些规定往往成为一纸空文。实践中，司法官员知法犯法、贪赃枉法、滥施酷刑、杀戮无辜的现象十分普遍。

（二）明朝司法制度

元末的残暴统治导致了全国范围内的农民起义，公元1368年，红巾军领袖朱元璋在南京称帝，建立明朝，定都南京，年号洪武。从此，拉开了明朝封建统治的帷幕。同年，朱元璋开始北伐中原，推翻元朝统治，最终统一全国。明朝统治中国长达276年之久，是中国封建社会后期的一个重要王朝。明初统治者总结历代王朝兴衰的经验教训，采取了一系列发展生产与巩固专制主义中央集权的政策，使明朝的统治得到稳定，农业、手工业和商业迅速发展，文化和科学技术不断进步，达到了封建社会所能达到的高峰。明朝中叶，东南沿海地区出现了资本主义生产关系的萌芽，西方的科学文化开始传入，反封建的启蒙思想越来越活跃。这预示着封建社会已经走向衰亡。

明朝法制上承唐宋、下启清朝，是中国封建社会后期的典型代表。这一时期的法制虽不如唐律影响深远，但它是清朝制定法律的蓝本，并对同一时期日本、朝鲜的法律制度产生了直接影响。但应

该指出的是，中国古代法制是在封闭的环境中独立形成、发展的，同样，它的没落与腐朽也是在封闭的环境中进行的，这是封建专制制度本身所决定的。明律虽然包含着反映社会发展要求的某些新内容，但本质上仍然是完整、纯粹的封建法典，在某些方面甚至落后于七百年前的唐律。如复活肉刑（创立于夏商时期），采取刑罚的威吓与报复，听任长卫干预司法等，这些都是专制制度极端发展带来的必然结果。而恰恰是明朝专制制度的极端发展，扼杀了16–17世纪刚刚出现的资本主义生产关系的萌芽，是中国封闭和落后的原因所在。在这一时期，司法制度出现了一些新的变化。

1. 司法机关的变化

首先，明代中央司法机关由刑部、大理寺和督察院组成，合称“三法司”。刑部是中央审判机关，原设四司，后来又扩充为十三清史司，分别受理地方的上诉案件，以及审核地方的重案和审理中央百官及京师地区的案件。刑部有权处决流刑以下的案件，但定罪以后，须将人犯连同案卷送往大理寺复核后，奏请皇帝批准。大理寺是复核机关，凡是刑部、督察院审判的案件，都必须将案卷和人犯移送大理寺复核。如果大理寺认为判决得当，则允许原审机关行刑；反之，则驳回改判。都察院是原来的御史台，是中央监察机关，有权监督刑部的审判和大理寺的复核、驳令。洪武十七年，为了增强司法审判的公正性，重大案件实行刑部、大理寺、督察院三法司联合审判，即“三司会审”。会审后作出的判决，还要经过皇帝的批准。

其次，明朝的地方建制为省、府（州）、县三级。省一级设有提刑按察使，专管司法审判事务，有权处决徒刑以下案件，徒刑以上重案要报送刑部。府（州）、县二级的司法权仍由行政机关兼理，由知府、知县等地方行政长官审理争讼纠纷。明朝还在各州县及乡里设立申明厅，它对民间争讼的解决方法以调解为主。明朝采取了军户、民户分别治理的体制，因而军户的诉讼与司法管辖由专门的军事司法机关负责。但如果军户犯的是人命案件，则要由军事司法机关与地方或中央司法机关一起审理。

2. 会官审录制度

明朝的审判制度比元朝有更大的发展，突出表现在创立了一套会官审录制度，即对疑难、重大案件以及死刑复核案件进行会官复审。会官审录制度主要有三司会审与圆审、朝审、大审、热审四种。首先，三司会审和圆审。三司会审是指凡是重大、疑难案件，都要由三法司长官（刑部尚书、大理寺卿和都御使）共同审理，称为“三司会审”，最后由皇帝裁决。对

于特别重大的案件，或经过反复审判而人犯仍不服的案件，则由皇帝诏令三法司长官，会同吏、户、礼、兵、工五部尚书和通政使等九卿会审，称为“圆审”，但判决结果仍要奏请皇帝批准。其次，朝审是指对已决在押囚犯的会官审理，由三法司和公、侯、伯等在每年霜降后对大案重囚共同审理。朝审是古代录囚制度的延续与发展，清代的秋审和朝审制度就发端于此。再次，大审是指由皇帝委派太监会同三法司审录囚徒的制度，每五年举行一次。最后，热审是指在每年暑天小满后十余日，由太监会同三法司审理囚犯，一般轻罪，决罚后立即释放；徒流罪减轻发落；可疑重囚的处理则要听凭皇帝的旨意。会官审录制度，有利于皇帝对司法活动进行控制和监督，以及避免或纠正冤假错案。

3. 厂卫干预司法

厂卫干预司法活动，是明朝司法制度

的一大特点，也是极端君主专制在法律制度上的表现。厂，包括东厂、西厂和内行厂，是由太监组成的特务机关，专管缉访谋逆、妖言、大奸恶等重案。卫，即锦衣卫，皇帝最亲信的一支亲军，主要职责是掌管皇帝出入仪仗和警卫事宜。从朱元璋开始，锦衣卫以兵兼刑，掌握了缉捕、刑狱的权力。明朝从未规定过厂卫的职责，但是厂卫特务从事缉捕、审判，涉足司法活动的各个环节，实际权力远在三法司和其他中央机关之上。比如，厂卫从事缉捕、监视活动，它所派出的密探“番子”“缇骑”遍布全国，无孔不入，无论官民公私的大小事务都在特务的监视范围之内。得到情报后，即可直接送入宫中，而且有任意行使刑讯拷打的权力。

厂卫直接参与司法审判，官府会审狱案和锦衣卫北镇扶司拷讯重囚，厂卫都要派人监视，称为“听记”。厂卫还可随时到各官府、城门访缉、查讯、称为“坐记”。厂卫还自设特别法庭，任意刑讯问罪，假造证据、严刑逼供之事屡屡发生。厂卫和镇扶司所使用的刑罚也大多是法外之刑，残忍异常。在这种极端恐怖下，百姓官员人人自危，不敢多言。厂卫特务组织干预司法，是封建君主专制极端发展、统治者滥用权力的结果。

（三）清朝司法制度

公元1616年，清太祖努尔哈赤建立后金政权，定都城赫图阿拉（今辽宁新宾县境内）；清太宗皇太极时改国号为清；1644年，顺治皇帝入关，迁都京师（今北京）。由满洲贵族建立的清王朝是中国历史上的最后一个封建王朝，1911年灭亡。

1. 1840年以前清朝的司法制度

清朝是中国封建社会的末代王朝，在历经近两千年的发展之后，封建法制辗转相承，相当完备。表现在司法制度上，程序完备、审级严格，会审和死刑复核进一步制度化、法律化。

（1）司法机关体系

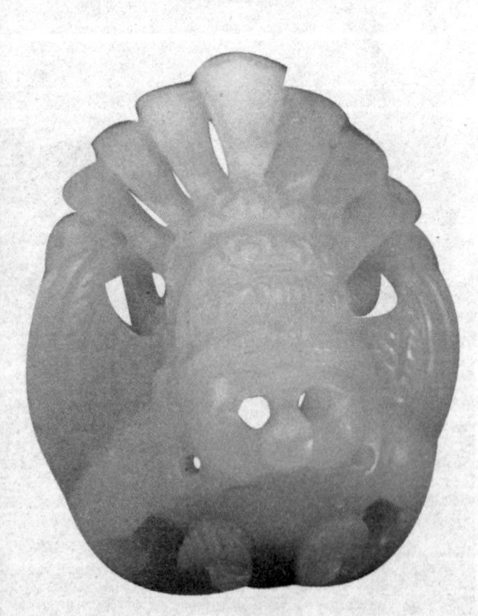

首先，与明朝相同，清朝的中央司法机关也由刑部、督察院、大理寺组成。三法司是既听命于皇帝又互相制衡的中央最高司法机构。但三法司的职权受到更大的限制。刑部设立于入关前的皇太极时期；入关后，刑部成为全国的最高司法审判机关。刑部的长官为尚书和侍郎，统称为“堂官”。在刑部之下，设有十七省清史司，分别掌管各自省内的司法审判事务。十七司之外，还设有秋审处、律例馆、提牢厅等机构。刑部额定编制的官吏有四百多人，是六部中官职最多的一个部。刑部的主要职责是核拟全国死刑案件，办理秋审、朝审，审理京师地区的案件，批结全国军流遣罪案件，主持修订律例及司法行政事务。督察院也设立于清入关之前，以左都御史为主官，满汉各一人。督察院的主要职能机构有六科、十五道、五城察院以及宗室御史处和稽查内务府御史处等。十五道分管有关省份的刑名。五城察院稽查京城地区治安，也受理词讼。作为三法司之一，督察院与刑部、大理寺共同复核、拟议全国的死刑案件，并作为“九卿”之一，参加“秋审”和朝审。顺治元年设立大理寺，作为平反刑狱的机关，其长官为卿、少卿。大理寺的职责主要是受理复核京内外刑案，复核死刑案件有无冤错，参加朝审、“秋审”。

其次，地方司法机构。清朝地方行政机构的设置分为省、道、府、县四级。司法仍然从属于行政，地方各级行政长官同时也是该地方的司法官。县作为基层政权组织，自秦汉以来历代没有变化。但清朝同时在一些重要的地方设州，在一些边远少数民族地区设厅，其地位与县大致相等。清时全国共有县、州1500个左右。州县是第一审级，对民事案件和轻微的刑事、治安案件可以全权管辖，但必须在20天内完结。州县有权审理处以笞刑、杖刑、枷刑的刑事案件。对涉及人命、强盗等应判处徒刑及徒刑以上的刑事案件，州县只有侦查和初审的权力。清朝在全国设府80多个，府是州县的上一审级。府主要负责复核州县上报的刑事案件，复审州县押送来的人犯，查核有无翻供，查验人证、物证，审查州县的上报案卷是否有错谬，州县的“拟罪”是否妥当。如果没有异议，则做出自己的“看语”（即本级的拟罪意见），再上报省按察司。府还负责受理军民百姓不服州县裁判的上诉和申诉。

按察使司，又称臬司，主管一省治安及保甲，以及审理案件。具体而言，其司法职责包括审理督抚、藩司、学政、提督及本司等衙门内部人员的轻微刑事案件，审理所属州县上诉的民间词讼，复核上报的徒刑案卷，以及对军流、死刑人员进行复审。此外，按察使司还主办全省“秋审”事务、官吏狱政。清律规定每省设一巡抚，两三省设置一总督，有的总督又兼任巡抚。按察使司虽然总理全省刑名事务，但督抚才是全省的最高审级。督抚的司法职能是督促、查檄地方终审；批复按察使司复核无异的徒刑案件，复核按察使司对军流刑的案卷看语，如果没有异议，则上报刑部，听候批复。对死刑案

件，由督抚进行复审，做出看语，上奏皇帝，并抄写副本送督察院、大理寺。

在司法机关体系中，还专门设立了审理旗人（旗是满族的一种编制，类似于什伍组织，共有八旗）案件的机构。如内务府所管辖的满人诉讼，由其属下的慎刑司审理，徒刑以上移送刑部，有时也奉旨审理皇帝交办的案件。在外省的满人诉讼，由满洲将军和副都统审理，流刑以上案件则须申报刑部。盛京地区的满人诉讼，由盛京将军及各部府尹一同审理。有关八旗民事、地面案件，如果八旗都统衙门审断不公，可以上诉户部，由户部现审处处理。各省发生的旗人命盗重案，由理事厅与州县一起审理，而州县官无权单独对旗人做出判决。至于贵族宗室的诉讼，归宗人府审理。

（2）刑事诉讼与审判制度

首先，逐级审转复核程序。清律沿用了五刑（笞、杖、徒、流、死）制度，法定五刑反映了刑事犯罪的程度。州县拥有对笞、杖刑的审决权；对于徒、流以上的案件，特别是死刑等重大案件，有一套严密的逐级上报的制度。清律规定，应拟徒刑的案件，由州县初审，依次经府、按察司，直至督抚，逐级复核。督抚有权对徒刑案件作出判决，只是要按照季度报刑部备案。由刑部相应的各司核拟案卷，而后呈送刑部堂官批复后，再批复各省执行。对于已判决徒刑的罪犯，发往省内指定州县服刑。流刑及军遣案件，刑部批复后即可执行，年终由刑部向皇帝汇报，以备监察。死刑案件在执行上有“立决”和“监

候”两种。立决即强盗首犯、谋反、大逆等严重犯罪一经皇帝裁决，则立即执行死刑。案情较为严重的人命、强盗两大类死刑案件只要批复下达，多数也立即执行。监候（即现在所说的缓期执行），是指对于应判死刑的犯人，在次年秋审时定其生死。属于这种情况的多是案情较为轻微的人命、盗案件以及其他死刑案件。京师的死刑案件，由刑部直接审理，并以题本的形式上奏皇帝，而后由三法司对案卷进行复核。死刑案件执行完毕，要向上申报备案。监候案件则由初审州县将人犯管押，等候秋审。由上可知，清代地方司法审批制度中，每一级都将不属于自己权限范围内的案件逐级上报，层层复

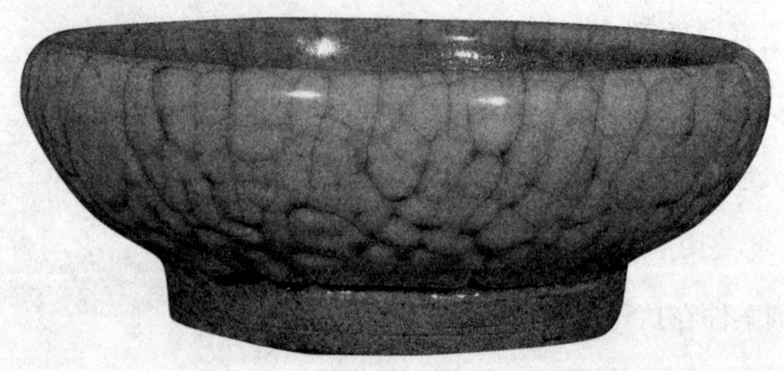

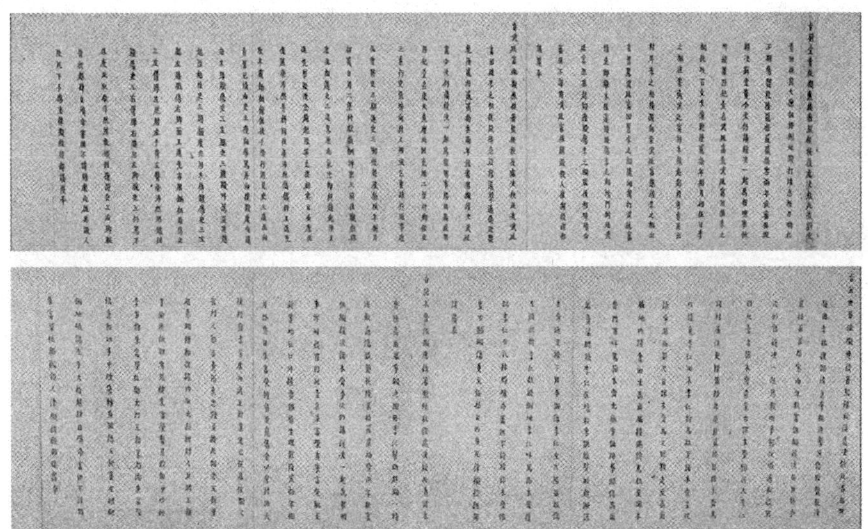

审，直至有权作出判决的审级批准后才算终审，这就是“逐级审转复审制”。

其次，刑讯与证据制度。刑事审判活动的核心是认定犯罪事实，并据此对案件作出判决。因此，证据在刑审中具有十分重要的地位。为取得证据（特别是口供），清代允许刑讯。但对刑讯种类以及适用机关有严格的规定。常规的刑讯手段有笞、杖两种，此外还有枷号、夹棍、拶（指一种用拶子夹手指的酷刑）等加重的刑讯，也为法律所认可。但只有三法司和各省督抚、按察使司和州县的正职长

官才有权动用后两种刑讯。州县审理自理案件时不能使用夹讯；如果初审时用过夹、拶，则要报上司“察验”。同时，清律规定“老幼不拷讯”，对于年过70、不满15或有疾病的人，审判时不能用刑。如果司法官因一己之私而对犯人进行拷讯并将其致死的，则会受到严惩，处以斩监侯。其他刑讯致死囚犯的，也有不同的处分从杖一百到流放三千里不等。但是，如果囚犯是受刑之后死亡，或因为疾病发作而死亡的除外，这无疑给司法官滥用刑讯提供了法律依据。

清律对刑事审判中的证据也有一些规定，如尸格（验尸报告）、赃证、失单等都是审判的重要依据。此外，证人证言、被害人陈述也是重要的证据。但是在所有的证据种类中，被告人口供是最重要的一种，口供是定案的关键，也是结案的必要条件。否则，其他证据再充足，也不得结案。为此，先由书吏招供录写，当堂阅读，原告、被告共听，如果没有异议，再由被告画供。清律还规定，官府在审判案件时，应该依照当事人的状子中所记载的诉讼事由进行审问，不得询问与诉讼事由无关的问题，以免出入人罪。

再次，秋审制度。秋审，是指在每年的秋季进行对各省斩监侯、绞监侯案件的复审，它发源于明代的朝审制度，在康熙十二年时正式确立。秋审时，先要由臬司负责核办案犯的招册。在此基础上，由各州县对监侯囚犯一一进行审录。审录主要是为了核实案情，以便将犯人分为情

实、缓决、留养承祀等几类，再将招册和案犯转送府、司审录。臬司将州县招册核办后，拟出个案的看语定稿，并会同藩司及在省的道台共同商议定案，再将拟稿上报督抚。臬司的审录和定稿是秋审的关键，犯人是生是死都以此为基础。督抚接到定稿后，即率司道和首府首县到臬司衙门共同审录。乾隆时，督抚会审改在巡抚衙门进行，总督则轮流到所辖各省参加会审。督抚对本省的秋审案件审录完结以后，将转录而成的黄册缮造奏报皇帝，称为“汇题”。汇题由刑部秋审处、堂官等具体负责审核案卷。

之后，由九卿组成的会审大典开始，为时一天。会审时，先以各省秋审案件起数，按照情实、缓决、可矜、留养承祀的顺序，逐案唱报。遇到九卿有异议的地方，则改成朗诵，以便在场的九卿商榷。九卿等商议既定，即将情实、缓决、可矜、留养承祀各犯分拟具题，等皇帝裁决。会审大典后，由刑科给事中将会审的情实案件向皇帝复奏，待皇帝批复、勾决后，即可执行死刑。清代对京师重犯沿袭明制，实行朝审制度。朝审先于秋审一天举行，在程序上与秋审不同，它基本上由刑部审录确定，向皇帝具题，不经会谳。朝审后处决犯人时，由刑部侍郎一人会同刑科给事中共赴法场遵旨监督执行，刑毕复命。秋审和朝审在中外法制史上是较为独特的，它既能收到统一适用法律、准确打击犯罪的震慑效果，又宣扬了统治者的恤刑德政，还保证了皇帝对最高司法权的控制，可谓一石三鸟。

最后，司法官的责任制度。清律也规定了司法官责任制度，对诉讼审判活动中的各个环节都有明确的限制和责任要求。各级官吏对于律例必须察其字义、辩其名称，方可以定罪量刑。为此，要求百司官吏都能讲读和应用律令。如果利用职权挟诈欺公，妄生异议，擅自更改变乱成法，则从重治罪。清朝时，通过司法监察从中央到地方，因为不能审出实情、引用法律不当、出入人罪而受到处分、惩办的案例不在少数。但是科举出身的地方官，往往缺乏律例知识，因而才出现了幕吏擅权的弊端，加之清代司法监察体制对督抚大员缺乏应有的监督，司法腐败在所难免。

（3）民事诉讼与审判制度

首先，诉讼制度（管辖、起诉、受理）。清律规定，一般主体的普通民事案件，如户婚、田土、钱债、斗殴、赌博等，均由事发地方州县管辖。宗室觉罗之间因继嗣、宗籍、婚姻而发生的民事争讼，采取特别管辖制度，由宗人府和户部共同审理。旗人之间与旗民之间发生的民事争讼，也各有不同的管辖。在京旗人之间的田土案件，先向该佐领处呈控，如果

不为查办，可以向户部及步军统领衙门上诉。各省驻防旗人之间的地亩案件，可以就近在将军都统衙门审理，随着民事案件的增多，一般由理事厅受理。至于地方旗民之间的民事案件，一般由所在州县管辖。军人之间的民事诉讼，由各自管军衙门自行审理。军民之间的民事诉讼，由管军衙门与州县一起审理。少数民族之间的民事案件，则依照《蒙古律例》《回疆则例》等民族立法处断。

原告起诉时必须呈递符合程式要求的诉状。诉状的字数限制在140字以内；

内容必须包括案发时间、案情梗概、被告姓名住址、代书姓名住址等；凡是起诉田园、房屋、坟墓、钱债、婚姻的，要同时呈递契券、绘图、婚书、行单等；代书诉状不得增减事实。州县衙门对于民事案件受理与否，既要依照律例，又要依照证据，一般反对轻下批词。在受理的日期上也做出了更加明确的规定，一般在每年的四月初一到七月三十日。民事诉讼案件虽然只涉及民间细事，但如果这些细碎纠纷得不到及时解决，也会酿成事端，影响生产，危害安定。因此，清律在严格规定了州县无故不受理民事案件的法律责任的同时，为了防止州县借故推脱，玩忽职守，还建立了一系列的监督制度。起诉案件受理后、庭审之前，原被告双方愿意接受调解或自行和解的，则可以撤诉，官府准许销案。

其次，审判制度（审理、证据、调解、判决、执行）。民事审判也采取就问方式。凡准予受理的民事案件，由州县官吏签发传票，唤被告到庭，或一并传唤证人。同时，查验证据，必要时进行实地勘测、调查。对于争议中的财产，如租谷、牲畜等，可以因当事人的申请，而由官府采取保全措施，至案件审结后再判归应得之人。由于民事案件不同于刑事案件，因此很少拘提、逮捕、监禁被告，最多是看押。民事审判中的回避、代理制度、约会制度在清律中都有了不同程度的发展。在提起民事诉讼时也需要提供一定的证据。在审理过程中，不仅要验证证据的正

确性，有的还需要进行实地勘查，收集新证据，以便对事实做出正确的判断，但清代私改证据提供伪证的事情经常发生。

宋朝以来，调解息讼产生了良好的社会效果，因而也受到清朝统治者的青睐。调解主要有州县调解（官府调解）和民间调解。此外，还有宗族调解和乡邻调解。但调解的范围是民间案件和轻微刑事案件；调解时要依据国法；并且调解者不能从中渔利。民事判决在清朝成为“堂断”或“堂谕”，就种类而言，主要包括确立或解除法律关系的判决，确认某一事实的判决，要求被告或双方履行民事义务的判决。

在历史悠久、地域广阔、民族众多的中国，审理民事案件除依据法律外，还要依据伦理道德和宗族习惯、宗教习惯等。清代民事案件实行一审终审制，

州县判决后，即可当堂执行，既没有专门的执行机构，也没有专门的执行程序，而且无需通禀或通详上级衙门。只是原被告要保存案卷，以免日后翻异。对于拒不执行的判决者，施加笞杖之刑、并加以监禁。当然，债务纠纷往往由于债务人无力偿还而使判决的执行受阻。

此外，清律中还规定了上诉制度。自愿接受州县判决的当事人，如果不服州县的判决，也可以逐级上诉府、道、省，直至京城，没有审级的限制，但不允许越级上诉。

最后，少数民族地区的司法制度。在清朝统治期间，中国作为统一多民族的国家得到了进一步的巩固与发展。清朝对少数民族地区的司法管辖的深入，是历代所不及的。《大清律例》规定，凡属于中华民族大家庭中的少数民族，一律适用大清

律，以示国家法制的统一。理藩院是清朝初期设立的八大衙门之一，既是管理蒙、藏、回、苗等民族聚居地区的最高国家机关，同时又负责这些民族所在地区的上判审。理藩院专设理刑司负责对少数民族罪犯的审判。但理藩院受理的涉及流刑的案件，要会同刑部一起裁决。死刑也要经过三司会审。少数民族地区的民事案件和轻微刑事案件，由各族的族长自行审理。如果当事人不服，可以向理藩院上诉。

2. 晚清（1840—1911年）司法制度

1840年的鸦片战争，外国侵略者用坚船利炮打开了中国的大门。自此，直到1911年清王朝覆亡的晚清时期，一方面，外国列强通过一系列不平等条约（如《南京条约》《马关条约》《辛丑条约》等）攫取了中国的政治、经济、司法特权；另一方面，开明地主阶级和资产阶级革命派中的有识之士如林则徐、魏源、严复

等人认识到应该“开眼看世界”，主张学习、引进西方先进的科学技术和政治、经济、法律制度。因而，这一时期出现了法制观念的更新，如由盲目排外到中体西用、由维护三纲（君为臣纲、父为子纲、夫为妻纲）到批判三纲、由专制到主张共和、由人治到主张法治、由司法与行政不分到司法独立、由以刑律为主到诸法并重等。

为了巩固风雨飘摇的封建统治、拉拢新兴的资产阶级势力以及迎合外国列强的要求，晚清统治者在司法制度方面进行了一系列的改革。

首先，在司法机关方面，将原来的刑部改为法部，作为司法行政机关，专门管理监狱、执行刑罚等，并负责部分司法审判。将大理寺改为大理院，作为全国最高审判机关；在其下设置民刑庭，并设置推事和庭长组成合议庭进行审判。地方分别设立高等审判厅、地方审判厅和初级审判厅（天津在中国历史上最早设立了高等审判厅和地方审判厅）。

其次，在司法制度方面，仿照西方，进一步区分了刑事诉讼审判制度和民事诉讼审判制度。前者具体规定了刑事案件的第一审程序、第二审程序和复审程序，还废除了刑讯逼供制度；后者规定了民事案件的普遍审判程序、第一审诉讼程序、第二审诉讼程序、上诉程序、再审程序和特别诉讼程序。同时，这一时期，不仅制订了商律、公司律等实体法，还制订了程序法。

然而，遗憾的是，在面临内忧外患的晚清，这些司法制度往往有名无实，形同虚设。